としての念仏

伝道シリーズ 1

小川一乗《おがわいちじょう》

＊目次＊

✣宗教に無知な国

敗戦後の日本は、経済大国というかたちで見事に立ち直ってきたわけですけれども、どうも仏教の基本的なことがらが忘れ去られてしまっている、というきびしい現状があるのではないかと思います。

そういうことを念頭において、まずはじめに、戦後五十五年間私たちはどういう生き方をしてきたのかということをふりかえってみた上で、それが仏道にかなっているのかどうかについて考えてみたいと思います。

戦後、戦争に負けた日本は、立て直しのために二つの柱を考えたと思います。

一つは、天皇を生き神として崇《あが》めた国家神道が、ファシズムを形成して、日本を戦争へと導いていった結果、敗戦という憂《う》き目を見たのであるから、宗教というものは国家のために益をなさない、プラスにならない、そういう考え方です。

したがって戦後の教育の現場からは、宗教にかかわる教育は一切排除されました。人類が生んだ偉大な宗教者たちが、たとえば釈尊であるとか、イエス・キリストであるとか、あるいは偉大な思想家たちが、たとえば孔子であるとか、ソクラテスであるとか、その人たちが何に悩み苦しんだか、そして何を説いたかを、小学校や中学校で教えることをカットしてしまったのです。

これはとんでもない誤《あやま》りで、今日の教育の荒廃をもたらしている最も根本的な原因なのです。しかし、日本は共産主義の国ではありませんので、宗教を禁止するところまではいかないで、憲法の中にただ一条だけ「信教の自由」という項目を置いて、「どういう宗教を信じてもかまいませんよ」ということで、ことをすませてきました。

戦後の小学校や中学校の先生方は、その中には若かった私も含まれますけれども、戦後のやむをえない状況の中で、マルクス主義に陥《おちい》っていったという面があろうかと思います。そこでは「宗教はアヘンである」という一片の言葉で、簡単に教育の場から宗教というものをカットしてしまった。その結果、日本は世界でもまれに見る宗教に無知な国になってしまったと思います。

どのような国であっても、そこには宗教があり、それにもとづく知恵はみんなもっているんです。その知恵を失ったのは日本だけだといっていいと思います。

日本人が宗教に対して無知になった結果、昭和三十年代後半から最初の大きな波がきました。それが創価学会という形で全国を席巻《せっけん》しました。そしてその後、続々と新宗教、新新宗教が出てきましたが、戦後に生まれた人たちはそういうものが宗教だと思いこんでしまった。きちんとした宗教教育を欠いた戦後の教育を受けた人たちは、創価学会に代表されるようなものが宗教なんだという認識をもってしまった。

その結果、最終的には、宗教がお金儲けのために利用されるというところまで、日本人は宗教に対して無知になってしまった。それにはもちろん伝統教団の責任もありますけれども、そういうことに至らしめた時代背景があっただろうと思います。

アメリカの競争原理

それからもう一つの柱は、日本が戦争に負けたのは物資で負けたのだ、経済力がなかったからだ、だから経済的に豊かになることこそが国家のためにプラスになる、という考え方です。

とはいっても日本には石油資源があるわけではありません。資源のない国が経済的に発展するためにはどうしたらいいか。そこで取り入れたのがアメリカの競争原理です。人びとを競争させるという原理を取り入れた。競争が資源になったわけです。

日本は戦後、他と競争することによって生活を豊かにしてきました。日本は、アフリカやインドのようなきびしい風土の国ではありません。春夏秋冬のある温暖な日本の国では、家庭の中のだれか一人が働いて、つつましくささやかに生活していれば、餓死ということはありえません。

しかし、それだけでは隣の家に負けるんですね。隣の家との競争に勝てない。日本は車社会だから車のことでいうならば、「隣の家が普通車なら、うちは高級車を」、「隣の家が高級車なら、うちは外車を」、そういう形で人びとを競争させることによって、経済効率をどんどん上げてきました。

しかも、田舎にいてはお金が入らないけれども、都会に出ればいろんな職業もあるし賃金も高い。それで人びとがどんどん田舎から出て、都会に移り住み、いわゆる核家族という言葉が生まれました。

そのように、私たちは経済競争の中に組み込まれました。そしてみんなが競争して一生懸命に働いたおかげで日本は経済大国になったけれども、その中でたいへん大切なものを失ってしまいました。

✣一人で生きていけるという錯覚

皆さん方はどうでしょうか。ご年配の方でしたら、お子さんにこういうことを言ったことはありませんか。「私たちは子どもの世話にならない」。これには立派な理屈がついてきます。「子どもには子どもの大切な人生がある。その足手まといにはなりたくない。邪魔したくない。だから私たちは子どもの世話にならない」。立派な筋道ですね。正論です。しかし、生きている人間にとって正しいかというと、これはまた別の問題です。

人間は決して一人では生きられません。生きられないどころか、今生きていません。みんないろいろな関係の中で助けあいながら生かされているわけでしょう。それをなぜ「私たちは子どもの世話にならない」というふうに、一人で生きていけるという錯覚をもってしまったのでしょうか。

これは、欧米から、個の自覚とか自立という思想が入ってきたからだといえます。人は社会や国家や宗教などに束縛《そくばく》されてはいけない、自立しなくてはいけないという思想です。この「自立する個」という何となく立派に見える考えは、二十世紀の中心的な思想でしたが、その結果として今の欧米においてもさまざまな問題を引きおこしています。それは自立させてくれているものへのまなざしを忘れた自立にすぎなかったからなのです。

私たちは一人で生きているのではないのです。私を私たらしめている大きな世界があってこそ、自立できているんです。そういう両足で自立させてくれている大地に対するまなざしを抜きにして、自立、自立と言い出し、そういう風潮が蔓延《まんえん》していった。その結果、人間は一人で生きていけるという錯覚をもってしまった。そして、自立とは好き勝手に思いのままに生きることだとなってしまったのです。

「子どもには子どもの大切な人生があるのだから、その足手まといにはなりたくない」という考えが基本的に誤りであるということに気づくのに、私たちは少し時間がかかりすぎました。人間というのはお互いに助けあって生きているわけです。言葉をかえていえば、邪魔しあって生きているんです。助けたり助けられたり、邪魔したり邪魔されたり、迷惑をかけたりかけられたりして生きているのが、現実の私たちです。だれにも迷惑をかけないで、本当に一人で生きている人がいるでしょうか。いませんね。それなのに一人で生きていけるという錯覚を起こしている。

これは、福祉国家をめざしている日本の方針にそった考え方でもあったわけです。「老後の生活は国が全面的に面倒をみるから、安心して働きなさい」ということで、年金制度ができました。「私は子どもの世話にならない」という言葉の裏には、ちらちらと年金がちらついていたと思います。

しかし今、政治家は何といっているでしょうか。「子どもが親の面倒を見るのはあたりまえだ」と言い出しました。「家で親の面倒をみなさい。見きれない場合は介護士を派遣しますよ」ということで、「在宅介護」を言い出しました。

こんなことは、二十年前には政治家は口が裂《さ》けても言いませんでした。もっともこのように逆戻りしたほうがいいとは思いません。少しずつ元に戻りはじめている。そういう状況であることは、私がここでくどくどと申し上げるまでもないと思います。

このように、人が一人で生きていけるという錯覚をもった国というのは、世界でもめずらしいと思います。世界中の人は、一人で生きていけるなんて思っていません。一人で生きていけるという錯覚をもっている国は、日本だけではありませんけれども、ごくまれです。かつては羨望《せんぼう》の的とされた福祉国家の多くも、やはり一人で生きなければいけないという考えです。しかし、それでは人間同士の関係が破壊されます。その結果、そこでは老人の自殺者が多くなっているわけです。

親は子を育てるために貴重な時間を割《さ》き、ときには自分の生活を犠牲《ぎせい》にしなければならない。子どもは老《お》いた親のために自分の貴重な時間を割き、ときには自分を犠牲にしなければならない。これは人間としてあたりまえのことです。

ところが、それは遅れた社会だ、福祉国家ではそういうねちねちとした親子の関係ではいけない、手のかかる幼児や老人は国が面倒を見ると、そういう方向で、これまで来たわけです。ところがそれが破綻《はたん》をきたして、政治家もそうは言えなくなってきました。

合理主義のゆきつくところ

では、そういう福祉国家の考え方を支えてきたものは何か。それは欧米の合理主義によるヒューマニズムだと思われます。このヒューマニズムという言葉は、中世以降のルネッサンスの時期に、キリスト教の宗教的な束縛から解放されたいということから生まれた言葉です。

ヒューマニズムという言葉の定義は、いろいろ言われますけれども、基本的には

「人間は宗教的ないわれのない束縛や貧困や病気から解放されなければならない。人間は自分の思い通りに自由に生きる権利がある」ということです。

ところが、ヒューマニズムが言われだしたときには、ヨーロッパにおいては、まだ禁欲主義の時代でした。市民が自らの生活を律しながら、仏教的に言うと少欲知足《しょうよくちそく》（あまり大きな欲を抱かないで、ささやかに生きる）の暮らしをしていた。それが二十世紀になると「人間は欲望のままに快適に生きる権利がある」というヒューマニズムの暴走がはじまったわけです。

その結果、大量生産、大量消費、そして大量廃棄ということで、地球規模での環境破壊が進んでいっているわけです。昨今の新聞を見ますと、大気汚染や地球温暖化を防止する国際会議が、もの別れに終わったということです。地球環境の破壊を食い止めることよりも、それぞれの国が自国の利益を優先したから、国際会議はまたもや分裂してしまい、何も成立させることができなかった。

快適な生活を送る権利がある、そう思って生活しながら、たぶん皆さん方は、家の箪笥《たんす》のいちばん奥に何が入っているか聞かれても、すぐには答えられないでしょう。それほどいっぱいいつめこんでいる。これが「快適な生活を送る権利がある」と言いつづけた結果なんです。また、地球上が人間の住みづらい世界になってきている。そういう皮肉な状況を支えているのが合理主義なんです。都合の悪いものは切り捨てて、都合のいいものだけで生きる、それが人間の幸せである、というのが合理主義です。

たとえば、みかん箱を開いてみてください。もし腐《くさ》ったみかんが一つあったらどうしますか。まわりが腐りますから、当然捨てますね。しかし食べないでそのままにしておくと、みかんはつぎつぎと腐っていきます。腐ったみかんを順番に捨てていくと、最後に一つ残ります。そして最後のみかんも腐って捨てることになる。

合理主義というのはそんなものです。自分の都合の悪いものを切り捨てて排除していったら、最後は自分が排除される。そういう結果となるのが合理主義なのです。みかんは腐る前に食べてしまうからわかりませんけれども、合理主義というのは、人間は自分に都合の悪いものを排除して都合のいいものだけで生きれば、幸せになれる、そういう考え方が基本にあるわけです。しかし、それでは最後には孤独になり、自分を切り捨てなければならなくなる。それが合理主義だと思います。

私は大学にいますので、ときどき卒業生の結婚式に呼ばれます。そこでは必ずスピーチをさせられます。この間こういう話をしました。筋《すじ》だけ申しますと、「ご結婚おめでとうございます。結婚はしなければいけないものです。結婚は非常にいいことなんです。どうしてかというと、結婚すれば自分の思い通りにならない人がいつもそばにいるからです。そうして人間は人間になっていくんです」。

そうしたら、その結婚式に出席されていた方々のうち、結婚されている方々はみんなくすくす笑いました。思い当たるのでしょう。若い人は「何というスピーチをするんだ」というふうに私をにらみつけましたので、ちょっと説明をしました。

人間は、だれでも自分の思い通りに生きようと思っています。なかでも結婚というのは、いちばん愛しあって、いちばん理解しあっている二人が、生涯を共にしたいと思ったから結婚するんでしょう。ところが、その相手がなかなか思い通りにならない。あかの他人が思い通りにならなくても気になりませんが、自分のいちばんの理解者だと思っている相手が思い通りにならなければ苦労する。しかし、これがすばらしいんです。だから人生というのはおもしろいんです。すてきでしょう。そうしてみんな人間として豊かになっていくんです。

何ともいえないあじわいをもったお年寄りに出会うと、この方は思い通りにならないことがたくさんあったお方だな、だからこそこんなになごやかなお年寄りになっているんだな、と私は勝手に思うことにしています。

結婚というのは、ご縁がないからできないという場合もあるでしょうけれども、最近は結婚しない方がふえました。

テレビ・ドラマでは、三十歳をすぎた息子や娘に対して親が「そろそろ結婚しないか」と言いますと、必ず返ってくる答えは、「今さら結婚して苦労するのはいやだ。お金はいっぱいあるし、生まれも育ちも違った者と今さら一緒になってわざわざ苦労することはない」。親はそれでシュンとしてしまう。そして何も言わないですごすごと引き下がる。これが現代のホームドラマのパターンです。

親も合理主義にどっぷりと漬《つか》かってしまっているんです。昔の親は違いました。「結婚して好きな人と苦労してみろ」と言ったものです。「二人の人間が一緒に生活するということは、いろんな意味で苦労がある。しかし、それをしなければ人間にならんぞ」と昔の人は言ったわけです。

一人でいたら、好き勝手できます。朝いつまで寝ていてもだれも文句を言わないし、夜遊び歩いていてもだれも注意しません。気楽といえば気楽だけれど、人間はそれでいいのでしょうか。さびしいですね。注意されたら腹が立ちますけれども、人から注意をされなくなった人間は、孤独です。人間というものはそういうものでしょう。自分がいちばん偉いと思って生きているんだから、注意されたら腹が立ちます。しかし注意されないとさびしい。孤独になっていく。現代人は自分を孤独のほうへ孤独のほうへと向けていっています。

大谷大学の大学院には留学生が来ています。私のゼミも国際色豊かで、インド、スリランカ、中国などから仏教を勉強に来ています。

彼らは私のところへ来てこういうことを言うんです。「私たちの国では、いちばんの親不孝は親にさびしい思いをさせることです」と。子どもとして親にいろんな不孝はするけれども、親にさびしい思いをさせることがいちばんの親不孝だと。日本に来て公園のベンチでお年寄りがショボンと一人さびしそうに坐っている姿を見ると、自分には何の関係もない人だけれども、胸がキューンとしめつけられる、悲しくなるというんです。これが彼らのカルチャーショックの一つなんです。

私たちは経済的に豊かになって、合理主義にもとづいてみんな孤独になっていっている。いま若くて健康を謳歌《おうか》している人も、お年寄りになる前にいのち終わる場合は別として、いのちが続いていったら、このままでは孤独に陥っていくことでしょう。

釈尊の教え

そういう社会の現状に、どう切り込んでいくかということですね。それには仏教というものを考えさせていただかないといけない。自分勝手にものを言ってもだめで、仏教の立場にきちんと立って、それを立脚地として、そのことに切り込んでいくことが大切です。

最近の日本の仏教は、ほとんどヒューマニズムに陥っていますから、自分を中心にして、自分のいいと思ったことをうまく説いてくださっている経典はないかといって探す。仏教を下敷きにして、ヒューマニズムのために仏教を使う。そういう方向がほとんどです。そういうことではなしに、まず仏教に耳を傾けるところから始めなければいけない。

そこで、親鸞聖人が教主と仰がれた釈尊が、どういうことをお説きになったのかということを簡単に申し上げて、今申し上げたような社会に対してどう切り込んでいくかということを一緒に考えてみたいと思います。

釈尊は、今から二千五百年ほど前にインドに生まれました。その頃は、自らした行いの報《むく》いを受けて、生まれ変わり死に変わりを永遠に繰り返しつづけるのである、という考え方が社会の常識となっていました。むずかしい言葉で言うと、業報《ごうほう》による輪《りん》廻転生《ねてんしょう》という考え方です。業とは自らの行い、報とは報いということです。自らの行いに見合った生まれ変わりがずっと永遠につづいていく。二千五百年前のインドに、こういうすごい考え方があった。

しかも、輪廻の世界というのは、インド人にとっては具体的なことなんです。たとえば、養鶏で生活している人は来世は鶏になるかもしれない、魚をたくさん捕って生活している人は来世は魚に生まれ変わるかもしれない、これが業報による輪廻転生の具体的な考え方です。人間だけに生まれ変わるのではない、何になるかわからない。あるところでこの話をしましたら、「それでは人間を殺したら人間になるんですか」と言われて、「人間を殺したら地獄に行く」と言いましたが、そういうことを深く信じていた。

釈尊の時代は、まだ奴隷《どれい》がいました。奴隷として生まれたのは、過去において人殺しや悪いことをいっぱいしたからだ。この世で裕福な家庭に生まれた人は、過去世においていいことをいっぱいしたからだ。そういう考え方だった。そして当時のインドの宗教家たちは、この輪廻の世界からどのようにして解放されるか（解脱《げだつ》するか）ということを、一生懸命に模索《もさく》したわけです。

ところが、釈尊だけはひと味ちがったんです。これは釈尊の直観です。法《ダルマ》という言葉でそれを説明することもできると思いますが、直観といっていい。その直観とは「生きとし生けるもののいのちはすべて平等でなければならない。人間の都合によっていのちに差別を与えてはいけない。したがって、いのちに差別を与えている輪廻転生の考え方はまちがっている」。こう言ったのは釈尊だけだったのです。

ほかのインドの宗教家たちは輪廻転生を認めた上で、そこからどのようにして解放されるかということを一生懸命考えた。釈尊だけは、それは人間が勝手に作り上げた間違った考え方だといって根底からそれを否定された。これがほかのインドの宗教家と根本的に違うところです。それは直観であって、理屈ではないんです。

釈尊は自分の直観を人びとにわかってもらうために、悟りを開いた夜、初夜・中夜・後夜と一晩かかりながら、あらゆるものを縁起《えんぎ》の道理をもって繰り返し観察した、と記録されています。そこで、釈尊は自分の直観を「縁起の道理」によって説明された。縁起というのは、皆さま方がよくお聞きになる言葉でいえば、ご縁です。世界で最初にご縁についてお説きになったのが釈尊です。

数限りないほどの因縁が、ただ今の私をお作りくださっている。自分で人間として生まれることを選んだわけではありません。人間に生まれようと思って生まれた人はいません。何のことはない、気がついたらそうだったということです。

これは魚やゴキブリなどほかの動物もみんな一緒でしょう。自分で選んでいません。みんないただいたいのちです。そういう意味では、すべてのいのちは平等なんです。いのちは私のものではなかった。私のはからいをはるかに超えていた。そういういのちのあり方を示し、すべてのいのちは平等だと言い切ったのが釈尊なんです。

ところが「無量・無数といっていいほどの因縁が、ただいまの私となってくださっている」というと、誤解する方がいるのです。過去に行ったいろいろな行いが因縁となって現在の自分があると、そういうように誤解する人がいますが、それは輪廻転生の考え方と同じですね。

ご縁によって生かされている

ただ今のこの瞬間、私たちは数限りないご縁によって成り立っている。過去の行いなどは関係ないんです。私が今ここでお話させてもらっているのは、この法要に小川を呼んでみようということで、お話があったから来ているのであって、また、健康だったからここに来ることができたんです。しかも私がここに立っているただ今の瞬間、私はこの瞬間しかいません。

この瞬間以外のどこにも私はいません。この瞬間を形成してくれているご縁は、人間の知識では数えきれないくらいいっぱいあるわけです。しかも、私にただ今のこの瞬間を与えてくださっているいちばん深いご縁は皆さん方です。皆さん方がそこにいなかったら、私がここで話をしていますか。だれ一人いらっしゃらないのに、一人でお話するということはありえません。

皆さん方との深いかかわりあいのなかで、私はこの瞬間のいのちをいただいている。一人で生きられるなんてとんでもない話です。みんなかかわりあいの中で、吐《は》く息吸う息をいただいているわけです。

皆さん方も、そこに坐っていらっしゃるのは、私がいるからなんです。今日私が病気でここに来れなかったら、皆さんと私とによって成り立っているこの今はありえません。まことに僭越《せんえつ》ですけれども、皆さん方にとっても私がいちばん深いご縁になっているわけです。

そのように人間はみんなお互いにつながって生きているんです。そういうつながりの中で、だれにも代わってもらえないただ一人の私として生きているわけです。

そのことをきちっと教えてくださっているのが、釈尊の教えなんです。ところが、縁起という言葉は、日本では、縁起がいいとか悪いとか、縁起をかつぐとか、間違った使われ方をしています。親鸞聖人のいちばん大事なお言葉である他力本願も間違って使われることが一般化してしまいましたけれども、縁起という仏教でいちばん基本的な言葉も、間違って使われています。どうしてそうなったのか。

皆さん方は、こういう話をお聞きになりませんか。「私たちはいろんな方々のお助けをいただいて、ご縁をいただいて、ただいま生かされております」と。「ご縁をいただいて、生かされている」、ここに落とし穴があるんです。

「ご縁をいただいて」というと、いただく私が先にいるわけです。私がいなかったらいただけません。自分がいちばんかわいくて、自分さえよければいいと思っていることの私が先にいて「ご縁をいただく」のなら、都合のいいご縁だけほしい。都合の悪いご縁は遠慮させてもらいたい。そこで縁起がいい、縁起が悪いといって、縁起をかつぐ。福は内、鬼は外。

そこに問題があるんです。釈尊はそういうことを説かれたわけではない。私を私たらしめているあらゆるご縁（因縁）をすべて取り払ってしまったら、私という何かが残るわけではない。塵《ちり》・垢《あか》ほども私と言われるようなものはない。それを無我《むが》とお説きになったんです。これは仏教の基本的な考え方です。

「数限りないほどのご縁が私となっている」というときには、ご縁をいただく私が先にいるわけではありません。無量・無数の因縁が、ただ今の私となってくださっている。私を私たらしめているあらゆる因縁を取り去っていってしまったならば、私という何かが残りますか、何も残りません。それを無我、我れ無しというんです。

皆さん方の中にはおられないと思いますけれども、私を私たらしめているあらゆる因縁をぜんぶ取り払った後にも霊魂《れいこん》だけは残ると思う人は、念仏の教えを聞き直してください。それでもなお霊魂があると思うのであれば、真宗門徒であることをやめてください。こうはっきり言わないといけない。そういう人を妥協して抱え込んでいると、腐ったみかんではないけれども、真宗門徒は腐っていきます。

数限りないほどの因縁が今の私となってくださっている。そして与えられた一生をその因縁に手を合わさせてもらいながら生かさせてもらって、そしていのち終えていくとき、すべての因縁が静かに消えていく。静まっていく。私を私たらしめていたあらゆる因縁が、百パーセント消えていく。釈尊はそれを、

涅槃《ねはん》は寂静《じゃくじょう》なり。

とおっしゃった。私を私たらしめたすべての因縁が消滅した涅槃は静けさである。すべてがいただきものだから、すべてをお返ししたらいいんです。

ところが私たちはなかなか返せなくて、何か残しておこうと思って何かとあがく。けれども、最後は全部お返しするほかありません。それが『無量寿経』の第十一願の「必至滅度《ひっしめつど》」です。必ず完全な静けさの世界に至らしめるという本願です。

これが釈尊の往生論であり、仏教の往生論の基本であります。

✢仏道としての念仏

妙好人の浅原才市《さいち》さんのお言葉に、こういうものがあります。

ご恩思えばみなご恩（中略）
この才市もご恩でできました
なむあみだぶつ　なむあみだぶつ

この言葉を読んだときに、たいへん僭越だけれども、才市さんは本物の念仏者だと思いました。才市さんはご縁をご恩と深く味わっています。ところが、釈尊から「数限りないほどの因縁（ご縁）が私となってくださっている」というご説法を聞いた大乗の菩薩《ぼさつ》たちは、もっとすごい味わい方をしたんです。「数限りないほどの仏さまたちが私となってくださっている。何とすばらしいことだろう」と受け止めて喜んだという。これは信心の世界です。

浅原才市さんはそれをご恩といただいた。「ご恩思えばみなご恩」、都合のいいものも都合の悪いものも、思い通りになるものもならないものも、みんなご恩でありました、という。先ほどの結婚式の話で言えばどうでしょうか。「自分の思い通りにならないお方がいつもそばにいてくださっております。南無阿弥陀仏、南無阿弥陀仏」ということになりますが、なかなかそういただくことができない。

そして、その次の言葉、「この才市もご恩でできました」。これがすごいですね。もしここで「この才市もご恩をいただいて生かされております」と言ったら、三流の念仏者になるんです。まちがいではないけれども、レベルがダウンする。ところが「この才市もご恩でできました」という、これは本物の念仏者です。

その後に「なむあみだぶつ、なむあみだぶつ」と念仏が出る。これがまたすごい。念仏をいただくことによっていのちのあり方に目ざめさせてもらう。そういう世界が念仏を通して明らかになる。そうして開かれた世界には念仏に対する深い謝念が満ちています。

私たちは都合のいいものだけを取って、都合の悪いものを切り捨てて、そして人間には快適な生活を送る権利があるといって突き進んできました。その根底にあるヒューマニズムが、いま人間を孤独な世界に追い込んでいるのです。

私たちは再び人間であることを回復しなくてはいけない。それには、念仏をいただいて「一人で生きられるなんて、とんでもない。傲慢《ごうまん》な考え方であった」と頭が下がったとき、そこに「頼むよ」という世界が開かれてくるんです。そうしてはじめて、人間同士お互いにいのちの奥深いところで深いつながりをもって生きているという、身の事実が明らかになっていくんです。

したがって、釈尊の教えは「福は内、鬼は外」ではない、「福も内、鬼も内」。福と鬼がこの私となってくださっている、そういういのちをいただいている、それを喜んでいただいていく世界が念仏の世界であると思います。

私たちは、日頃の生活の中で念仏を口にするけれども、どこかで「福は内、鬼は外」をやってしまっていないだろうか。福も鬼も両手を挙げて引き受けさせてもらっていく世界、その世界こそ、これからの人類にとって大事だと私は思います。

そういう意味で、親鸞聖人が明らかにしてくださった真宗という教えは、たいへん大切な教えです。人類は二十一世紀にこの教えを見失ったら終わりです。

最後に、真宗の教えはこの世になくてはならない教えですけれども、それゆえにこそ、この世の中に隷属《れいぞく》してはいけない。この教えは、世間と妥協してはいけません。ヒューマニズムと一緒になってはいけません。ここが大事です。これからはそのへんのきちっとしたけじめが必要になってくる、と言えるのではないかと思います。

せっかくご縁によって、念仏をいただく身とさせていただいた私たちです。何をすべきか、どう生きなければならないか、ということを、常に念仏の教えに照らされながらお考えいただけたらと思うことです。

小川一乗（おがわ　いちじょう）

1936年北海道に生まれる。1959年大谷大学卒業。

前大谷大学学長。

現在、大谷大学名誉教授。文学博士。

著書に『大乗仏教の根本思想』『仏教に学ぶいのちの尊さ』『仏教からの脳死・臓器移植批判』『仏教からみた往生思想』『慈悲の仏道』（法藏館）『大乗仏教の原点』（文栄堂）などがある。

仏道としての念仏
伝道シリーズ1

2001年4月8日　初版第1刷発行
2014年6月10日　初版第7刷発行

著者——小川一乗
発行者——西村明高
発行所——株式会社法藏館
〒600-8153
京都市下京区正面通烏丸東入
電話　075-343-5656
振替　01070-3-2743

印刷・製本——リコーアート

ISBN978-4-8318-2161-4　C0015